Antonio Manuel

Prefeito da Cidade do Rio de Janeiro
Luiz Paulo Fernandez Conde

Secretária Municipal de Cultura
Helena Severo

Presidente do Instituto Municipal de Arte e Cultura – RioArte
Oduvaldo de Azeredo Braga

Diretora Geral do Centro de Arte Hélio Oiticica
Vanda Mangia Klabin

CIP Brasil. Catalogação na fonte
Sindicato Nacional dos Editores de Livros, RJ.

M215a

    Manuel, Antonio, 1947 –
       Antonio Manuel / entrevista a Lúcia Carneiro e
    Ileana Pradilla. – Rio de Janeiro : Lacerda Ed., 1999.
    80pp (Palavra do artista)

    ISBN 85-7384-047-1

    1. Manuel, Antonio, 1947 – – Entrevistas.
    2. Artistas – Brasil. 3. Arte moderna – Século XX –
    Brasil. I.Carneiro, Lúcia. II. Pradilla, Ileana. III. Título.
    IV. Série.

                            CDD 709.81
                            CDU 7.036 (81)

© Copyright 1999 by Ileana Pradilla Cerón e
Maria Lúcia Boardman Carneiro.
Direitos de edição em língua portuguesa adquiridos
pela Editora Nova Aguilar S.A. Rua Dona Mariana, 205 – casa 1
Botafogo – 22280-020 Rio de Janeiro RJ
tel/fax (021) 537-8275/537-7189

palavra do artista

Antonio Manuel

Entrevista a Lúcia Carneiro e Ileana Pradilla

Lacerda Editores
Centro de Arte Hélio Oiticica
Secretaria Municipal de Cultura do Rio de Janeiro

Ocupações – Descobrimentos, 1998
Instalação no Museu de Arte Contemporânea – MAC,
Niterói RJ

OCEANO ATLÂNTICO — VERMELHO — MURO

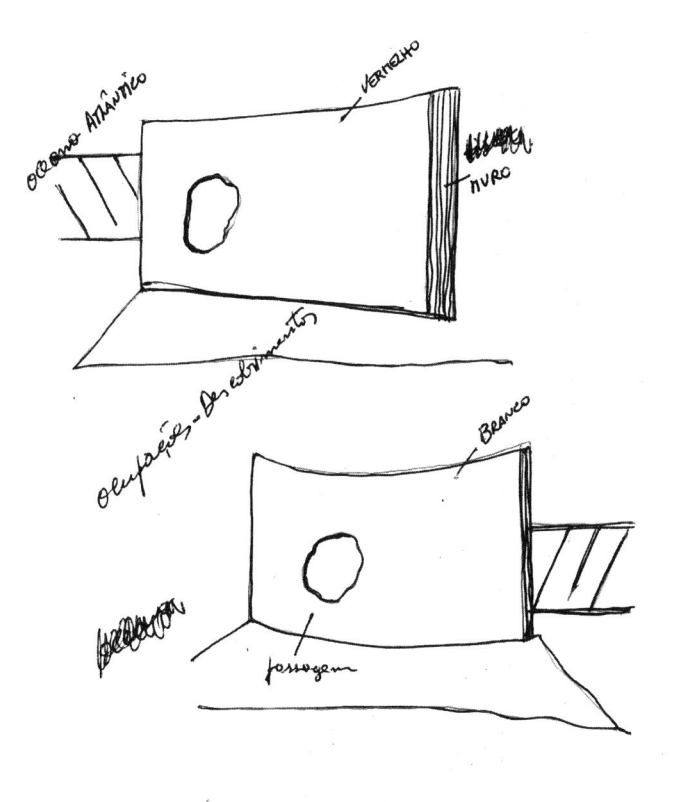

Ocupações - Desbrimentos(?)

Branco

passagem

Você começou a desenhar ainda jovem e já em 1965, com 17 anos, participou do 1º Salão de Adolescentes, entrando no circuito institucional. No ano seguinte expôs na 1ª Bienal Nacional da Bahia e no XV Salão Nacional de Arte Moderna, entre outros. Quais eram suas preocupações e interesses quando começou a desenhar?

Tudo começou com uma experiência de trabalho. Jovem, fui trabalhar numa agência de publicidade, onde tive meu primeiro contato com a arte. Tendo acesso a livros e a materiais como pincéis, guache e papéis importados, ali produzi meus primeiros trabalhos, em 1963. Nas horas vagas, ficava na minha mesa de trabalho desenhando sobre papéis, inicialmente com grafite porque gostava de seu peso e sua textura. Exercitava um desenho de traço firme, enfatizando uma carga de sinais de maneira intuitiva, sempre perseguindo a idéia de uma linha contínua. Essa linha tinha um começo, porque precisava de um ponto de partida, e continuava não num único papel mas em milhares deles, num movimento que parecia não ter fim, uma espécie de obsessão que expressava forte carga gráfica e emocional.

Em seguida passei a assistir, como ouvinte, alguns cursos na Escola Nacional de Belas-Artes (Rio de Janeiro). Lá conheci os integrantes do Diálogo, um grupo politizado que levava seus trabalhos às universidades, na tentativa de dialogar com estudantes. Ainda na Escola, participei do curso de modelo vivo, mas acabei não me adaptando às exigências acadêmicas. Na época não estava voltado para o tipo de estudo oferecido, buscava algo dinâmico, onde pudesse desenvolver a carga gráfica e construtiva que trazia comigo.

Quando resolvi deixar o emprego na agência de publicidade, já com a idéia de tentar viver de arte, passei a freqüentar diariamente a Escola, onde encontrei Jorge Dias, irmão de Antonio, e Raymundo Colares, meus dois grandes amigos daquela época. De lá, ia até o Museu de Arte Moderna (MAM – Rio de Janeiro) porque me interessava conhecer Ivan Serpa, que além de importante artista, foi mestre de toda uma geração.

Em 1966 ganhei o prêmio de desenho no 23º Salão Paranaense de Belas-Artes com a obra *Domínio*, um jornal trabalhado com lápis de cera, que abordava a questão religiosa. Em 1967 participei da 9ª Bienal de São Paulo com cinco trabalhos e ganhei um prêmio de aquisição, em dinheiro, com um desenho a nanquim sobre jornal. Foi o primeiro contato com a Bienal. De lá para cá, nesses trinta anos, não tive interesse em participar desse evento enquanto permanecesse o estado de exceção no Brasil. Recentemente, ao ser convidado por Paulo Herkenhoff para participar da 24ª Bienal de São Paulo (1998), comentei que esta seria minha segunda participação na mostra decorrido todo esse tempo. Dessa participação surgiu o convite e posterior exposição da instalação *Fantasma* no Jeu de Paume, em Paris, em dezembro de 1998.

Por que você escolheu inicialmente a Escola Nacional Belas-Artes, cujo ensino era considerado antiquado, ao invés de ir diretamente para o MAM (Rio de Janeiro)? Havia alguma questão ideológica a respeito dessa opção?

Não sei exatamente o porquê. Talvez pelos contatos que já tinha, talvez por ter encontrado Jorge Dias e Raymundo Colares, e também porque podíamos almoçar na cantina da Escola, que era muito barata, e trocar idéias. Ideologicamente, o nível conceitual de ensino não nos interessava. Apesar do MAM despertar maior interesse, não só pelas atividades oferecidas como também pela bela arquitetura, na Belas-Artes havia o clima universitário, as meninas, a política e os amigos. Tínhamos idéias de mudar o mundo e revolucionar a vida. Ficávamos muito concentrados no trabalho e nas nossas indagações estéticas e existenciais.

No MAM, o contato com Ivan Serpa foi importante. Em 1965 mostrei a ele alguns dos meus trabalhos. Muito rigoroso, ele os criticou duramente, mas destacou um, numa série talvez de seis desenhos, feito com grafite em papel A4. Não sei se foi ele quem me convidou, ou se eu me convidei para ir ao seu ateliê. O fato é que fui lá uma vez, duas, passando então a freqüentar sua casa, principalmente nos fins de semana. Serpa era muito generoso, abriu sua casa e seus livros e convidou-me algumas vezes para trabalhar lá, dando-me liberdade e materiais. Houve uma enorme empatia entre nós apesar da diferença de idade. Ele também gostava dos meus trabalhos. Alguns colecionadores iam à sua casa nos finais de semana e Serpa, com sua generosidade, passou a lhes mostrar e a vender alguns dos meus desenhos. Nesse período eu trabalhava com guache sobre papéis franceses.

Qual é sua formação?

Ao longo de minha vida estudei um tanto de filosofia, um pouco de desenho industrial, de estética, freqüentei cursos livres no MAM, tive um curso particular de Português. Até hoje é assim, não tenho uma escolaridade formal, ela não faz parte da minha trajetória.

Você era o único a trabalhar no ateliê de Ivan Serpa, ou ele acolhia vários artistas?

Outros artistas freqüentavam seu ateliê. Darcílio Lima, aluno da doutora Nise da Silveira, um pintor surrealista extraordinário e desenhista de qualidade, trabalhava todo dia, praticamente morava lá. Emil Forman e Luís Ferreira também freqüentavam seu ateliê no Méier.

Serpa foi professor da maioria dos artistas de sua geração mas, aparentemente, você foi um de seus alunos mais próximos. Aliás, é interessante perceber como você, ainda bastante jovem, foi muito ligado a três pessoas atualmente consideradas fundamentais para a arte brasileira, cada um em sua área: Hélio Oiticica, como artista, Ivan Serpa, como professor e Mário Pedrosa, como crítico de

arte. Havia influência de Serpa em seu trabalho naquele momento?

Eu o admirava bastante, mas não recebi sua influência direta em meu trabalho. Não fui seu aluno, mas seu amigo. Um aspecto que admirava em Serpa era sua enorme disposição para o trabalho. Ele podia ficar horas trabalhando; passava seu tempo ou dando aula, ou no ateliê, ou com artistas. Vivia e trabalhava em função da arte, até o último dia de sua vida.

No nosso primeiro encontro no MAM (Rio de Janeiro) realmente houve uma crítica dura. Ao mostrar alguns trabalhos sobre papel, lembro que ele me chamou a atenção: "Ao invés de ocupar uma ponta do papel, da esquerda ou da direita, ao invés de começar pelo extremo, por que não ocupa o papel inteiro, usando todo o espaço?" Até hoje penso nessa idéia de ocupação do espaço. Atualmente posso criar uma forma no lado direito ou esquerdo do trabalho porque é aquilo mesmo que quero. Porém, essa chamada, naquele período, foi importante porque vocês hão de convir que Serpa vinha do neoconcretismo e do Grupo Frente, tinha uma bagagem enorme. Fui privilegiado com o acesso a seu ateliê, à sua casa e à sua família.

Acho que tanto Serpa quanto Hélio Oiticica de início se identificaram com meu trabalho. Tínhamos uma diferença de idade grande, mas que não representava problema algum. Na verdade, eles gostavam da liberdade e irreverência que havia no que eu criava.

O meu primeiro encontro com Hélio Oiticica se deu, de fato, através do trabalho. Desde 1966 trabalhava em casa com jornais cujas manchetes ou imagens me interessavam e nos quais interferia, valorizando ou anulando determinados aspectos. Um dia, em 1967, a caminho do Museu, passei pela Lapa e vi numa banca o jornal *A Luta Democrática* com a seguinte manchete de tragédia sensacionalista: "Matou o cachorro e bebeu o sangue", ilustrada por duas fotos, a de uma mulher desgrenhada e a de uma modelo de biquíni numa pose erótica. Uma das mulheres havia feito o que a manchete anunciava, enquanto a outra era uma modelo. Aquilo chamou minha atenção porque, como as duas fotos estavam paginadas lado a lado, quase na mesma proporção, achei que a erótica havia matado o cachorro. Comprei o jornal, levei-o com cuidado para não amassar, e na cantina do Museu comecei o trabalho com lápis de cera. Na modelo coloquei dentes de vampiro e deixei a outra desgrenhada. Hélio, a quem conhecia apenas de vista, passou, gostou do trabalho e sentou para conversar. Contou que estava organizando a mostra *Nova objetividade brasileira* (MAM, Rio de Janeiro, 1967), explicou a idéia da exposição e convidou-me para apresentar aquele trabalho como parte de uma obra sua, que se chamaria *Tropicália*. Logo depois a exposição foi inaugurada.

Em 1969 você participou da exposição Pré-Bienal de Paris, no MAM (Rio de Janeiro), que foi fechada pela polícia antes mesmo da inauguração. Os trabalhos que você apresentou nessa época faziam referências explícitas ao momento político. Poderia falar sobre esses trabalhos e o clima repressivo da época?

Eu havia sido selecionado para participar da representação brasileira na Bienal de Paris de 1969, para a qual fizera o trabalho *Repressão outra vez – eis o saldo* (1968). No entanto, antes da abertura da mostra no MAM das obras de todos os artistas brasileiros selecionados, um general e alguns militares armados de metralhadoras fecharam as portas do museu. Dias depois, Niomar Muniz Sodré, a quem não conhecia pessoalmente, telefonou-me pedindo que fosse encontrá-la. Contou que, ao saber do fechamento da exposição, pediu aos funcionários do MAM que escondessem a maior quantidade de trabalhos possível. Eu estava sentado no sofá quando ela me disse: "Olhe, seus trabalhos estão atrás de você". Uma obra que estava sendo procurada com mandato de busca e ela a tinha escondida em sua sala de trabalho. Esse evento acabou sendo algo marcante na minha vida. Por causa dele conheci Niomar, fundadora do MAM (Rio de Janeiro), dona do jornal *Correio da Manhã*, grande dama da cultura brasileira, e de quem fiquei amigo.

Ela acabou por adquirir o trabalho *Repressão outra vez – eis o saldo*, que consiste numa série de cinco painéis distintos, pintados de vermelho, cada qual com uma imagem impressa em *silk-screen*. Foram feitos na Escola de Desenho Industrial (ESDI, Rio de Janeiro), num momento político efervescente. Júlio Plaza, que acabara de chegar da Espanha e trabalhava na oficina da escola, me ajudou a imprimi-los. Tive de esconder boa parte dessa série por causa da censura e, nessa trajetória, acabei perdendo alguns. Os da Niomar foram queimados no incêndio que destruiu seu apartamento.

Em 1969, fugindo da repressão, acabei me escondendo em sua casa. Por telefone, ela recomendou-me que saísse do Rio de Janeiro por algum tempo. Ao mencionar que não tinha para onde ir, ela respondeu: "Então vá para minha casa, pense, organize-se, porque você não pode ficar exposto senão será preso". E foi isso que aconteceu. Fui para seu apartamento na Avenida Rui Barbosa e lá fiquei uma semana. Durante esse período entrei em contato com um amigo de adolescência que morava em Cataguases, e lá fiquei por mais um mês. Esse carinho da Niomar foi bastante oportuno. Ainda hoje eventualmente nos falamos.

Essa foi sua primeira experiência com a censura?

Não, houve um caso anterior com o *flan Guevara*, exposto no Salão de Brasília (1967), também fechado pela polícia. Deixei esse trabalho num "aparelho" do movimento estudantil e quando fui procurá-lo, as pessoas já haviam se mudado para outro lugar. O trabalho acabou desaparecendo nessa trajetória e está desaparecido até hoje.

Em 1968, na Bienal Nacional da Bahia, expus um painel de 4m, uma impressão em *silk-screen* sobre fundo vermelho, que tratava da violência de rua entre policiais e estudantes. A Bienal foi igualmente fechada pelo exército, e o painel desapareceu. Soube mais tarde, através do crítico francês Pierre Restany, que ele havia sido queimado. Nunca pude verificar a veracidade dessa informação, mas até hoje não foi devolvido.

Aliás, não me lembro de outra ocasião em que tenha sentido medo como naquela Bienal. Tempos antes havia feito algumas serigrafias do *flan Guevara* para ajudar ativistas políticos que precisavam de dinheiro. Foi quando vi no *Jornal da Bahia* uma manchete dizendo algo como "Arsenal apreendido em aparelho político" e ao lado, ilustrando a reportagem, a foto da serigrafia. Incidentes sérios com a censura vinham ocorrendo e eu continuava a me expor, discutindo o fechamento da mostra etc. Passei a me sentir seguido, até que fui aconselhado a voltar imediatamente para o Rio. Vanda Pimentel levou-me até a rodoviária, peguei um ônibus e vim muito amedrontado. Numa caixa de fósforos coloquei um papel com meu nome, telefone, endereço e um relato mínimo da situação na qual viajava. Fiz todo o trajeto de volta acordado e segurando a caixa na mão porque, caso acontecesse algo, eu a largaria discretamente no chão, na expectativa de que alguém a encontrasse. Aquela caixa era quase que uma *urna quente* na mão.

Muitas pessoas foram ligadas ao crítico Mário Pedrosa durante os anos 60 e 70, mas você parece

ter desenvolvido um relacionamento especial com ele. Qual foi a importância de Mário em seu trabalho?

Mário Pedrosa foi uma pessoa importante na minha vida, que me ensinou muito e até hoje ensina. Foi um verdadeiro pai, um amigo, uma pessoa humana inacreditável. Como era muito generoso, a ponto de deixar a porta aberta aos amigos, passei a freqüentar sua casa, geralmente no final da tarde. Mário, na cadeira de balanço, sempre com disposição de ouvir e de ensinar sua experiência de vida. Já em 67 e 68 aprendia com ele a respeito da experiência, pela qual passamos atualmente, da sociedade de consumo de massa. Mário dizia que entraríamos num processo de banalização da vida e de corrupção, características da cultura imperialista e da ditadura.

Acho que Mário gostava da minha rebeldia e da ousadia de alguns dos meus trabalhos, apesar de pouco ter escrito sobre eles. Em 1970, imediatamente após ter realizado *O corpo é a obra* (*performance* na qual o artista apresenta seu corpo nu como obra de arte) no MAM (Rio de Janeiro), fui para a casa do Mário porque precisava de contato com uma pessoa como ele. Era importante para mim ouvir sua fala e ter o respaldo de um homem com a sua importância e experiência de vida. Hugo Denizart, Alex Varela e mais alguns amigos estavam comigo. Quando cheguei lá, um amigo do Mário, do Ministério da Educação, havia ligado e lhe comunicado todo o evento. Ele estava firme, com toda a sua virilidade e alegria juvenil, e se surpreendeu ao me ver chegando no calor do acontecimento. Acabei passando boa parte da noite lá e, como Hugo tinha um gravador, registramos parte da conversa em que Mário fala um pouco do meu trabalho. Daí resultou o texto com seus comentários sobre *O corpo é a obra*, onde ele dizia que eu estaria fazendo "o exercício experimental da liberdade".

Mário foi incrível também dias depois. O diretor do Museu de Arte Moderna do Rio de Janeiro era o arquiteto Maurício Roberto, pessoa aberta, um socialista, um amigo. Niomar e Maurício nunca me reprovaram, ao contrário, deram força. Mas um administrador resolveu proibir a minha entrada, inclusive não permitindo que atravessasse a passarela que leva ao museu. Ao comentar com Mário, ele imediatamente disse: "Vamos amanhã ao MAM". Ao voltarmos, no dia seguinte, ele, o maestro Guilherme Vaz, Lygia Pape e eu, fomos novamente barrados. Mário imediatamente passou à minha frente, abaixou a mão do administrador e falou: "Quem é você para dizer que ele não entra aqui?" Deu-lhe uma lição de moral, puxou-me pela mão e entramos juntos no MAM. Queriam me fechar as portas do museu, mas ele as abriu. Não podemos esquecer que era um momento de ditadura e que *O corpo é a obra* ameaçava o *status quo* ao criar um gesto de liberdade e ao colocar, naquele momento, a questão do corpo e suas implicações. Saí do Rio de Janeiro por algum tempo porque o ministro da Educação, um militar, resolveu proibir minha participação em todos os salões oficiais pelo período de dois anos. Aplaudi essa punição.

Você nunca chegou a ser preso?

Graças a Deus não. Mas havia um grande risco porque, como nasci em Portugal, poderia ser deportado e lá, naquele período, também havia uma ditadura. Apesar de seguido algumas vezes, nunca cheguei a ser preso ou molestado.

O crítico e poeta Ferreira Gullar, naquela ocasião trabalhando na sucursal carioca do jornal *O Estado de São Paulo*, era muito ligado a Mário Pedrosa e, ao ser informado com certa antecedência de que Mário seria preso pelos militares, avisou-o para que saísse rapidamente. Hélio Oiticica e eu estávamos a caminho da casa de Pedrosa sem saber de coisa alguma e, quando lá chegamos nos deparamos com três homens estranhos e truculentos na porta do edifício, olhando para nós, um outro perto do elevador e mais dois no corredor. Mary, mulher do Mário, mandou que entrássemos rápido, contou o que estava acontecendo e nos aconselhou a ir logo embora. Só pensávamos que teríamos de passar por todos aqueles gorilas novamente. Fomos disfarçando e passamos pelos policiais mas, quando olhávamos para trás, eles nos seguiam. Paramos num botequim para fazer hora, achamos mais prudente nos dispersarmos, e nada mais aconteceu. Mário já estava escondido, esperando o momento adequado para se exilar no Consulado do Chile, levado por mim e Lygia Pape.

Mas aconteceram algumas situações no mínimo engraçadas. Toda vez que saíamos no fusca da Lygia, um carro nos seguia, mas não éramos molestados. Brincávamos então de descobrir quem nos perseguia no meio do trânsito. Como Lygia já havia sido presa, não iriam prendê-la novamente. Fazíamos alguns gestos de indagação, eles paravam, passavam um rádio para que outro carro os substituísse, e novamente tentávamos descobrir nossos seguidores. Assim, consegui ser lúdico com todo o risco da época.

Você fez muitos trabalhos em parceria com outros artistas. Houve alguma parceria também com Ivan Serpa?

Ele pediu as serigrafias do *Guevara* pois queria trabalhar nelas, pintar por cima delas. Ao mesmo tempo me deu algumas gravuras suas, feitas em homenagem a Volpi, para que eu as trabalhasse. Um interferindo no trabalho do outro. Fizemos também um trabalho com fotos 3 x 4. Levei Serpa e Lygia Pape para tirar fotos em máquinas instantâneas, e Serpa desenhou sua "mulher-bicho" por cima dessas fotos.

Até hoje gosto de diversificar o trabalho e também as relações. Sempre me interessei pelo universo de cinema, música, teatro, poesia e em manter o convívio e a troca de informações com pessoas de áreas diferentes. Interessava-me, naquele momento, observar a ousadia do cinema, verificar até onde iria e até onde poderíamos ir junto à poesia e à música. Essa discussão, de certa maneira, interessava a todos nós, mas ficava compartimentada, como ainda hoje está: cinema é cinema, artes plásticas é artes plásticas, música é música. Torquato Neto, que por sorte conheci na casa de Hélio Oiticica, também se interessava pelo universo da arte e passamos, junto a Luís Otávio Pimentel, por um longo período de convivência diária. Nos encontrávamos no Museu de Arte Moderna às quatro da tarde, em seguida íamos para o Baixo Leblon onde ficávamos até de madrugada em longas conversas, discutindo problemas estéticos, elaborando projetos ou nos divertindo.

A possibilidade de fazer trabalhos junto com outras pessoas implica uma certa dose de generosidade e de abertura para a intervenção do outro em seu trabalho, características aparentemente não muito comuns na cena artística. A que você atribui essa sua disponibilidade para as parcerias?

O mercado de arte nunca foi questão importante para mim. Hoje em dia me preocupo um pouco mais, afinal tenho dois filhos e vivo do meu trabalho... Já naquele período queria viver de arte, embora as dificuldades fossem enormes. Mas a questão é outra. Apesar de duros, todos nós tínhamos uma ideologia que nos regia e, de uma certa maneira, criava uma identidade entre nós.

Sempre pensei em arte como instância cultural, que pudesse elevar o espírito, elevar um povo, uma nação. Rogério Duarte tem essa mesma disposição de fazer coisas generosamente, como Hélio Oiticica também tinha. Hoje em dia, ressinto ter pouquíssimos amigos nesse estado de convívio e até de parceria. Como estava acostumado a uma convivência desse tipo, para mim é uma adaptação difícil e solitária. Naquele período, apesar de cada um ter sua individualidade e seu trabalho singular, havia uma troca maior e até a liberdade de sugerir trabalhos uns aos outros, naturalmente.

A fotonovela *A arma fálica*, que produzi e dirigi em 1970, tendo Hélio Oiticica como protagonista, fez parte desse espírito. A idéia e o roteiro eram meus. Tínhamos de fazer todo o trabalho com apenas vinte e quatro poses. Qualquer erro ou foto fora de foco, se por acaso existisse, seriam incorporados ao trabalho. Hélio havia acabado de chegar de Londres e na véspera lhe disse: "Estou com essa idéia, vamos fazer? Então amanhã vamos para a Praça Mauá, tem um navio lá, você vai descer desse navio etc". Lygia Pape nos emprestou seu fusca café-com-leite e fizemos a fotonovela, que seria, na época, publicada no *Pasquim*, mas acabou saindo somente em 1995, vinte e cinco anos depois, numa publicação do RioArte, com projeto gráfico de Luciano Figueiredo.

Você começa a produzir nos anos 60 e 70, período de grande repressão no país, com adversidades em várias áreas como, por exemplo, a política e a econômica. A adversidade, de certa forma, estimulava ou criava uma disponibilidade dos artistas em relação à criação?

Não sei, mas quando leio as cartas de Lygia Clark a Hélio Oiticica, dói vê-la passando necessidade em Paris, saber que artistas dessa importância lutaram com tanta dificuldade. Apesar de ser de família rica, talvez nem tivesse mais coragem de pedir dinheiro, porque já tinha torrado alguns apartamentos. Oiticica também não tinha dinheiro. É duro para um artista não poder executar seus projetos por falta de recursos. Mas não sei se isso motiva. Talvez a situação possa criar inconformismo e união. Não se deixava de criar por causa dos obstáculos políticos ou econômicos. O período foi fértil e em todas as áreas surgiram grandes trabalhos, porque o problema não era material. Lygia Clark passava dificuldades, mas ao mesmo tempo experimentava trabalhos sensoriais. Hélio fazia os *bó-*

lides, trabalhos com terra ou materiais que encontrava. Ele ia para a rua da Alfândega, comprava tecidos baratos para fazer os *parangolés*, mas não deixava de criar. Vários artistas produziram trabalhos com a disponibilidade de materiais que conseguiam. Eu, por exemplo, trabalhei com jornais e *flans* por estarem disponíveis à minha mão, à minha escolha, e onde atuava com o custo praticamente da emoção e do intelecto.

Existe a idéia de que a repressão da ditadura motivou trabalhos mais contundentes. Havia realmente um inconformismo, mas penso que sem a ditadura teríamos avançado. Certamente não estaríamos na posição de ter de galgar esses vinte anos perdidos para elevar o nível de informação cultural e de bem-estar social. Acho que o período da ditadura foi um atraso, uma marcha a ré que não tem preço. Acabou resultando numa experiência inacreditável de vida, de relações humanas, de conhecimento. Mas se tivéssemos avançado durante esses anos, estaríamos bem melhor na democracia e na qualidade de vida do país.

Na verdade, a própria repressão tornava os trabalhos políticos. Por exemplo, o trabalho com a foto de Guevara passou a ser valorizado porque foi apreendido e teve de ser escondido. Os trabalhos que iriam à Bienal de Paris (*Repressão outra vez – eis o saldo*), apesar de atualmente valorizados por razões estéticas, também contaram com o acréscimo da pequena história que passaram, desde a criação na ESDI até a exposição no MAM. As obras adquiriram conotação política a partir dos próprios agentes da ditadura. À revelia, muitas vezes, do artista.

No período de seu convívio com Ivan Serpa e Hélio Oiticica, como você absorveu essa herança concreta e neoconcreta?

A idéia de brasilidade sempre foi de meu interesse e de grande importância cultural no meu trabalho. Acreditando na necessidade de buscar uma arte brasileira, eu me deparei com o movimento antropofágico. Em 1966 tomei contato com as obras de Oswald de Andrade, Tarsila do Amaral e Anita Malfatti. Outro artista importante na minha formação foi Oswaldo Goeldi, cujo expressionismo e poética, o traço tremido, ousado e envenenado às vezes, é simplesmente maravilhoso.

Outros movimentos que considero da mesma contundência foram o concretismo e o neoconcretismo. O movimento concreto foi de enorme importância para mim, principalmente na figura de seus poetas Décio Pignatari, Haroldo e Augusto de Campos e, no Rio, de Ferreira Gullar. A série concreta de Ivan Serpa também causou impacto. Aliás, uma pintura concreta de sua autoria foi a primeira obra abstrata a ser premiada na I Bienal Internacional de São Paulo, em 1951.

Graças ao interesse de Raymundo Colares pela vertente neoconcreta, passamos a discuti-la em nossos encontros diários e procurávamos ver as obras: as gravuras de Lygia Pape, os *Metaesquemas* de Hélio Oiticica, o *Cubo laranja* de Aloísio Carvão, os poemas de Ferreira Gullar. Colares desenvolveu uma trajetória muito pessoal, apesar de sua pequena produção. Vindo do interior de Minas, ele apreendeu a emoção da cidade grande através dos ônibus. Muito inteligente, produziu pinturas onde se colocava diretamente nas listras desses ônibus, nas suas freadas rápidas, um processo ao mesmo tempo de movimento, solidão e construção.

Paralelamente havia os movimentos internacionais. A *pop art* impressionou quando, na Bienal Internacional de São Paulo de 1967, vi as obras de Andy Warhol, Rauschenberg, Roy Lichtenstein etc. Também tinha algum contato com os grupos expressionistas Cobra e Fluxus. Tudo isso fazia parte do meu repertório cultural estético. Mas a obra que mais me emocionou foi a do pintor norte-americano Edward Hopper. Chocante e forte, impressionou pela apreensão dos espaços com primeiros e segundos planos, a perspectiva, a cor magenta, a luz novaiorquina, a aridez, a condição humana das figuras e a extrema solidão. Uma materialidade que tinha algo que a transcendia, ao mesmo tempo que também revelava estrutura e pensamento concretos.

Todas essas informações foram sendo elaboradas, na tentativa de formar um pensamento paralelo, sempre levando em conta minha busca de fusão das Américas Latina, Central etc. Achava que poderia, em algum momento, sintetizar tudo no meu trabalho. Junto a isso, trabalhava com jornais como suporte e matéria. O *Jornal do Brasil* tinha paginação de Amilcar de Castro, outro artista neoconcreto que me interessava bastante. Passei a ver nos jornais uma estrutura concreta e neoconcreta aliada à transformação do vivido em imagens e verbos.

Conhecia o trabalho de Mondrian unicamente por reprodução em livros. Só nos anos 80 tive a oportunidade de ver pessoalmente várias de suas telas e me surpreendi positivamente ao constatar como são mal acabadas; pinceladas mal executadas, grampos que aparecem nas laterais, porque ele não se preocupava com isso. Quer dizer, aquele rigor construtivo tinha seu avesso. Eu já gostava de sua obra, mas passei a gostar ainda mais por esse lado inusitado. Quando comecei a trabalhar, por volta de 1966, o meio reprimia e desencorajava qualquer trabalho que usasse horizontais e verticais. Ainda mais porque o movimento neoconcreto já havia terminado e alguns de seus participantes realizavam experiências sensoriais. A idéia do rigor do trabalho de Mondrian se tornou repressiva para nós, o modo como fechava a tela com verticais e horizontais era quase um limite. Só mais tarde percebi que aquilo não significava ser cópia ou influência. E se fosse? Nem as paralelas nem as verticais são de sua propriedade. Estão no mundo, sem dúvida reafirmadas pela sua genialidade criativa.

A Escola de Ulm e a Bauhaus, das quais tinha alguma informação, também foram importantes. Da Bauhaus me interessavam as idéias de viabilizar uma estética para o mundo e a possibilidade de interferir em todos os processos da vida, desde a arquitetura, passando pelos objetos cotidianos, até o bem-estar comum. A relação desse aprendizado com o neoconcretismo e com as pessoas com as quais convivi nesse grupo fortaleceu meu trabalho. Mais tarde, já trabalhando com *flans* e jornais, procurei neles retângulos e quadrados, embora as figuras ainda permanecessem atuantes. Passei então a trabalhar com os dois planos: figura e abstração. Tanto podia anular imagens, deixando visíveis as partes gráficas, isto é as linhas, quanto fazer o contrário, anular as linhas e deixar as imagens. Meu processo foi caminhando nessa vertente, embora sem o rigor geométrico dos movimentos concreto e neoconcreto.

Nesse momento você não se colocou a questão da pintura?

Não. De uma certa maneira meu amor pelas artes é amplo. Nunca quis privilegiar um gênero: pintura, escultura, desenho, gravura, ou instalação, porque na verdade sou um criador e é a criação que me interessa. Procuro fazer da arte um pensamento, e tento expressá-lo sempre com dedicação e sinceridade. Se existe alguma marca no meu trabalho é a da liberdade da razão. Não se trata de estilo ou suporte. É linguagem, é o corpo fortalecido de sentimentos e de energia. Quando fazia um guache considerava aquilo pintura, na medida em que trabalhava com a linguagem das cores, construindo com elas. A idéia e as questões da pintura existem, para mim, como um processo evolutivo da arte e do conhecimento.

No final dos anos 60, tentei trabalhar com óleo mas não gostei, achei difícil. O pincel arranhava, emperrava, a tinta tinha cheiro forte, e eu não tinha paciência para esperar a pintura secar. Havia óleo, óleo de linhaça, tinha de misturar com aguarrás, e eu não conseguia conviver com aquela química e seu cheiro.

Em 1980 conheci a tinta acrílica, ainda recente no Brasil, e resolvi experimentá-la. Apaixonei-me pelas cores vivas e fortes e passei a testá-las em pequenos panos. Sou de família portuguesa e nasci em Portugal. Lá, minha mãe fazia um linho cru e rústico. Era feito no rio, através de processo caseiro e artesanal. Sempre quis pintar sobre pedaços desse linho, amostras que ela mantinha. Até que finalmente um dia ela me deu alguns e, ao primeiro toque de tinta naquele pano, senti que a cor úmida vibrava. Eu não colocava base nas telas porque me interessava a própria textura do tecido. Ali a matéria aparece de forma viva, incorporada à pintura. Se colocasse uma camada prévia de gesso, perderia o referencial da tela. A tinta era extremamente aguada e penetrava no linho como tingimento; mistura da água criando o corpo da cor. Paulo Roberto Leal, que em 1983 trabalhava na Galeria GB Arte, viu essa série de pinturas, que chamei de "panos", feitas diretamente na tela crua e sem chassi, e convidou-me a expô-las.

O fato de você não preparar previamente a tela para receber a tinta não acarretará uma perda de qualidade do trabalho no futuro? Você se preocupa com a permanência de sua obra em bom estado?

Já tive várias discussões com diversos restauradores e chegamos à conclusão que trabalhar diretamente na tela crua não interfere na qualidade. A base tradicional também pode soltar. No início minhas telas eram tingidas de modo lento, pouco a pouco, banhadas com leveza até ficarem impregnadas por uma água com cor. As primeiras camadas eram, assim, um tingimento direcionado de cor. Hoje em dia, que minhas telas têm mais matéria, eventualmente dou essa aguada antes. O linho úmido é quase uma esponja, chupa tudo, fica impregnado e a tinta não tem como soltar. Uso maior quantidade de tinta para conseguir uma camada mais densa. Pode ser que esse procedimento tenha alguma relação com o tingimento caseiro de roupa. Via, quase como uma mágica, uma camisa branca subitamente virar azul.

Duas outras experiências também tiveram forte influência: as cores aguadas e a falta de perspectiva das pinturas egípcias, quando as vi pela primeira vez no Museu do Louvre, e as cores dos azulejos em Portugal.

Quanto à questão da materialidade, eu me preocupo sim. Gosto de ver o bom estado de trabalhos de trinta anos atrás. Pretendo que meu trabalho fique o mais perfeito possível com o passar do tempo. Tenho cuidado e acho que aprendi isso observando Ivan Serpa trabalhar, convivendo com sua busca incessante de qualidade nos traços e nos materiais.

Quando vai realizar um trabalho você parte de uma idéia preestabelecida? Qual é seu ponto de partida?

Parto de um pensamento. Às vezes o título é o motivo poético do trabalho. *Desejo azul*, por exemplo... a palavra e a cor azul transformam-se em construção e desejo. O conceito mesmo da palavra pode ligar ao título, ao conceito do azul celestial, azul Oceano Atlântico, por exemplo. O Atlântico tem um dos azuis mais profundos que já vi, e aquela cor faz parte da minha pintura. Existem também os referenciais do passado. As experiências que permanecem guardadas às vezes aparecem nas telas.

Minha pintura transita por esses universos ao mesmo tempo que quer uma ordem, um equilíbrio, uma harmonia do espaço. Talvez a necessidade dessa ordem venha do construtivismo, porque todo o meu trabalho considera a idéia de construir, fazer, realizar.

Continuando com a idéia de construção e elaboração do trabalho, com relação aos *flans*, como era sua escolha e como se dava o processo de elaboração? Você tinha acesso aos *flans* originais do jornal ou construía outros diferentes? O espaço e a estética dessas matrizes eram evidentes, para você?

Eles surgiram como evolução do próprio trabalho. Primeiro trabalhei sobre a folha do próprio jornal. Mas, nesse processo, o jornal passou a ser frágil, apesar de sua fragilidade também me interessar. Pouco depois pedi ao *Jornal do Brasil* que reimprimisse, em papel Fabriano, um exemplar já publicado, pois eles guardavam os clichês. Trabalhei com nanquim preto por cima dessa impressão.

O processo continuava sendo o mesmo: anular algumas notícias e imagens, e iluminar ou acrescentar outras. A passagem para os *flans* foi um pulo.

O *flan*, um cartão plastificado em alto e baixo relevos, era uma matriz necessária para a impressão de um jornal. Dele saía o chumbo que ia para a rotativa. Depois do jornal ser impresso no próprio chumbo, os *flans* eram jogados fora. De madrugada eu os recolhia e selecionava os que me interessavam, antes que fossem para o lixo. Hoje em dia o sistema é outro, computadorizado.

Ao mesmo tempo em que consegui certa liberdade na oficina do jornal, quis ousar mais e passei a produzir meus próprios *flans*, criando manchetes e imagens. Fazia as matérias em casa, ia para a oficina e batia o texto a máquina, como se fosse funcionário do jornal. Três a dez operários trabalhavam comigo. Algumas vezes o diagramador tinha de se virar para encaixar minhas "notícias". Discutíamos até a proporção das letras para que o texto coubesse nas páginas. O grande barato era que o meu jornal ficasse exatamente igual ao original, acrescido apenas dos elementos poéticos que criava. Cheguei a construir alguns jornais com a própria logomarca *O Dia*. Parte de sua tiragem era colocada nas bancas onde as pessoas o compravam pensando levar o jornal autêntico, porque eles eram idênticos. Isso era uma subversão dentro do sistema que então se vivia e uma forma de introduzir o elemento arte.

Produzi uma série de dez jornais, com tiragem de duzentos ou trezentos exemplares. Num deles fiz uma homenagem póstuma a Ivan Serpa. Na sua missa de sétimo dia, o padre disse que ele estava no céu ensinando Deus a pintar. Tomei essa idéia utópica, criei a manchete: "Pintor ensina Deus a pintar" e deixei o jornal nas bancas. Realizei outro, com Hélio Oiticica, contendo a seguinte manchete: "Vampiros atacam na Avenida Vieira Souto". Criei *flans* homenageando artistas dos quais gostava e gosto, como Marcel Duchamp, Malevich e Mondrian. Usava títulos curiosos, como por exemplo, *Duchamp psicografado: Wanted Rose Selavy* ou *Mondrian era virgem*, a idéia de virgindade aí atrelada ao sentido de pureza espacial de sua pintura. Eram criações livres e poéticas. O último *flan* que produzi foi *Poema classificado*, um jornal dividido em oito colunas, que é a forma habitual de paginação, cada uma contendo a palavra do poema: corpo / gráfico / 8 colunas / massificados / espaço cheio / redundante / ponto / final.

Tenho comigo uma série de mais ou menos vinte *flans* sobre o movimento estudantil de 1968, que considero hoje, além das implicações estéticas, um importante documento da violência de rua. Esses registros têm tanto a conotação estética quanto a de documento histórico.

Como você conseguiu essa liberdade numa época em que se censurava tudo?

Eu tinha um amigo maravilhoso, Ivan Chagas Freitas, uma pessoa que gostava de arte e tinha sido aluno de Ivan Serpa e Fayga Ostrower no MAM (Rio de Janeiro). Ele me deu um salvo-conduto para trabalhar no jornal da família dele e desenvolver meu trabalho.

Você realizou essa experiência, que era subversiva, porque buscava uma forma de circulação social da arte sem passar pelo crivo da censura, mas nunca chegou a fazer uma arte panfletária. Essa atitude não lhe interessava?

Não me interessava de jeito algum. Estava preocupado em confrontar o sistema de arte e as instituições, como museus e galerias, que exerciam algum tipo de repressão ou censura artística, e descartavam trabalhos que julgavam não apresentar qualidades estéticas. Os artistas também tinham uma espécie de autocensura. A idéia era criar uma linguagem paralela, fora do meio viciado das instituições que nem correspondiam aos nossos anseios nem abriam espaço para os trabalhos. No MAM havia um outro espírito e por isso passei a freqüentá-lo.

O corpo é a obra e o gesto de ficar nu foram um confronto com essas instituições. A primeira idéia, ao me inscrever como obra, era questionar os critérios de seleção e julgamento da obra de arte. Procurei permanecer durante o julgamento dos trabalhos apresentados no Salão já que, enquanto obra, tinha direito a continuar no local para ser julgado. Mas não permitiram, houve um bate-boca e chegou-se a um impasse. No final pediram que eu me retirasse e acabaram me recusando como obra.

Naquele período, achava que a força do material estético vigente não correspondia aos anseios do que se vivia. A pintura ou a escultura não tinham a veemência suficiente para representar aquele momento de efervescência. No dia da abertura do Salão, a obra acabou se tornando de algum modo presente e conseqüente, se realizando, independente do júri e do museu.

O corpo é a obra **foi um ato extremamente radical. Com ele você chegou a um limite. Em algum momento você se encontrou no impasse do que fazer depois? Houve também a exigência externa de manter sempre esse comportamento radical?**

O que aconteceu ali foi que, ao mostrar-me nu, como uma espécie de ímã, estava também expondo uma tradição da cultura brasileira. Aquele era um momento no qual se vivia intensamente a experiência da diversidade e a busca estética. Ao realizar aquele ato talvez tenha criado um limite para mim, ao qual cheguei por não mais confiar na força da estética vigente. Foi um despojamento total. Uma forma de oposição ao sistema político, estético e social em vigor.

A partir daí, meu interesse passou a se centrar na questão do corpo e seus sentidos. Fui fazer ioga porque achei que deveria elaborar o corpo através de meditação, respiração e alguns exercícios físicos. Dali retomei a idéia do sensorial, que já estava presente de alguma forma. Nessa época desenvolvi a instalação *The cock of the golden eggs* (1972), um ninho sobre conchas numa paisagem desértica. O título chamava a atenção para o galo, este animal que, além de sua vitalidade e sua posição ereta, desperta cedo e canta anunciando o dia.

A partir da noção do corpo, da busca e da evolução de sentidos, fui abrindo novas possibilidades. O cheiro, o tato, a extensão do corpo, a projeção das idéias e a linha abstrata invisível no espaço me interessavam muito. Isso culminou nas esculturas *Frutos do espaço* (1980), realizadas no Parque da Catacumba (Rio de Janeiro), a meu ver vinculadas ao trabalho *O corpo é a obra* e a idéias como projeção e espírito. Essas obras são linhas no espaço a serem preenchidas pelo olhar, as mais abstratas que possam ser, porque vazadas sobre a paisagem. São uma evolução do corpo e do imaginário. Não são fantasias e sim experiências e projeções do imaginário e do desejo. A idéia era realizá-las em espaços públicos, não mais institucionais.

No início dos anos 70 você começa a fazer experiências com cinema. Que filmes você realizou? Por que a escolha dessa linguagem?

Em 1972 fiz meu primeiro filme, *By Antonio*, em 16mm e com mais ou menos três minutos de duração. Uma experiência de despojamento, de não identificação da identidade. No primeiro plano uma mão primeiro rasga vários documentos e registros, para em seguida queimá-los. No segundo, a câmara em *close* focaliza, na privada de um banheiro, a descarga levando as cinzas. Gosto desse filme pela questão matemática e construtiva. São dois planos praticamente iguais: um rasga e queima documentos, o outro os leva embora.

Em 1973, fiz o roteiro e a direção do curta *Loucura & cultura*, em 35mm, premiado no II Festival de Curta Metragem do *Jornal do Brasil* e do Instituto Nacional do Cinema. Ele foi realizado a partir de um debate ocorrido no MAM (Rio de Janeiro), em 1968, sobre o que era a loucura e o que era a cultura. Vocês sabiam que Ivan Serpa ajudou a produzi-lo? Do filme participaram como atores Lygia Pape, Hélio Oiticica, Luiz Carlos Saldanha, Rogério Duarte e Caetano Veloso. Cada um deles aparece de frente, de lado e de costas, como numa foto policial. As vozes se intercalam com as imagens. No momento em que Lygia aparece, por exemplo, quem fala é Rogério Duarte; no Hélio quem fala é a Lygia, e assim por diante. Nessa estrutura: de frente, lado e costas, há fragmentos do debate. Propositadamente coloquei a *Marselhesa* como fundo musical porque nessa época era proibido o uso do hino nacional brasileiro em qualquer obra de arte. Com a música, o filme acabou ganhando uma maior dramaticidade. A estrutura é construtiva, pois cada plano é literalmente medido. A idéia inicial era dar um minuto para cada posição, mas percebi que ficaria muito longo. Acabei montando o filme por metro, medindo na fita.

Em 1975, construí o filme 35mm *Semi-ótica*. Descobri no Morro do Borel uma casa com somente uma janela e uma porta, cuja fachada era pintada com a bandeira nacional. Quando se abria a janela, e ela abria para dentro, o círculo e o losango da bandeira eram quebrados e no seu lugar surgia um buraco negro. A câmara, ao penetrar nesse buraco, exibe uma seqüência de bandidos presos e mortos, enfim, a violência do Esquadrão da Morte atuante naquele período. É um filme não-verbal, dramático, de sete minutos, que foi premiado na V Jornada Brasileira de Curta-Metragem, em Salvador, na Bahia. A música é composta por Guilherme Vaz.

Produzi um total de quatro ou cinco filmes (além dos já mencionados realizou *Arte hoje*, 16mm, 1976, e *Uma parada*, 16mm, 1977). O cinema é um trabalho paralelo que sempre me interessou pela sua vertente construtiva, a idéia dos planos medidos. Gosto do cinema como movimento e do trabalho cuidadoso que a câmara exige. No entanto, apesar de gostar da linguagem cinematográfica, hoje não me envolveria mais com produções caras e complicadas. Eu me interesso pelo cinema experimental, trabalhando apenas com duas ou três pessoas. Se tivesse condição financeira, provavelmente retomaria.

Nesse período vários artistas plásticos fizeram experiências com cinema.

Conheço poucas experiências nessa área. Raymundo Colares fez alguns super-8, filmes de manuseio mais barato, mas mesmo assim não foram muitos. Algumas de suas experiências estão sendo recuperadas. Hélio Oiticica também realizou algumas. O trabalho de Lygia Pape foi, talvez, o mais contundente deles. Lygia e eu usávamos o cinema como linguagem, como uma forma de expressão. Nessa época surgiu o vídeo, então utilizado mais como registro dos trabalhos do que como linguagem.

Você disse há pouco que na sua pintura a palavra e a escrita estão presentes, do mesmo modo que o conceito da palavra pode ligar você ao título da obra. E os títulos geralmente são pistas importantes para a compreensão do sentido de seus trabalhos. Você tem por hábito escrever?

Sim e não. Quando produzo trabalhos faço anotações, espécie de guias para mim, e em alguns trabalhos utilizo palavras. No mesmo ano do *O corpo é a obra* (1970), por exemplo, realizei um objeto a partir dele, a caixa *Corpobra*. Na frente minha foto nu, censurada com a palavra *Corpobra*, que é também um poema. Ao se soltar uma cordinha, essa foto desce para se esconder entre a palha e outra foto aparece, agora sem censura. Depois, puxando novamente o fio, a foto é vedada. Considero esse trabalho quase um poema.

Realizei também o jornal *De 0 a 24 horas* (editado em suplemento de seis páginas de *O Jornal*, em 15 de julho de 1973, com tiragem de 60 mil exemplares vendidos em bancas de jornal). Nesse ano tive cancelada à última hora, por problemas políticos, uma exposição individual que ocuparia todo o terceiro andar do MAM (Rio de Janeiro). Foram vetando uma por uma das minhas sete propostas. No final sobrou um único trabalho, o *Bode*, um bode vivo que ficaria sobre um tablado vermelho, contrastando com o negro de seu pêlo. Eu o relacionava com a *body-art* e era exposto quase como um ímã, porque o bode tem, na quimbanda, a conotação de elemento que absorve o mal para si. Era um bicho que incorporava o bode geral que acontecia na época. Mas acabaram não permitindo sua exposição porque, também de uma forma paternalista, acharam que o *Bode* não iria representar o meu trabalho.

Resolvi então transformar aquela mostra numa exposição gráfica. Propus a Washington Novaes, que trabalhava em *O Jornal*, veicular no suplemento cultural a exposição não realizada no MAM. Washington gostou da idéia e levou o assunto à diretoria, que concordou em ceder três das seis páginas do segundo caderno. Argumentei que necessitava de todas as páginas e eles acabaram concordando e cedendo as seis páginas no domingo. No sábado fizeram a chamada de primeira página e no dia seguinte foi publicada a exposição com o título: "Exposição de Antonio Manuel — De 0 a 24 horas", com imagens e texto, entre outros, de Décio Pignatari, escrito inicialmente para a mostra do MAM. Foi vendido para todo o Brasil, pois a tiragem era nacional. Este trabalho ocorreu já dentro do sistema de confronto com as instituições e ia em busca do espaço público, que era o que me interessava.

A idéia já continha uma atitude antropofágica, essa palavra tão em moda atualmente, porque publiquei em *De 0 a 24 horas* páginas que já haviam sido anteriormente criadas em *O Dia*. O crítico Jayme Maurício comentou em artigo, no *Cor-*

reio da Manhã, a ousadia de *O Jornal* permitir que fotos de um concorrente saíssem naquele diário. Meu trabalho na época era fortemente marcado por uma atitude pública, ao buscar um contato maior com segmentos não viciados, pesquisando linguagens distintas como o cinema, o jornal, a rua, a galeria.

É interessante observar a ousadia desse jornal, um meio tão controlado na época, diante de uma instituição como o Museu, que já havia recusado e censurado suas obras. Na exposição *Apocalipopótese*, realizada ao ar livre no Aterro do Flamengo, em 1968, você apresentou suas *Urnas quentes*. Com essa obra o público era incitado a usar a violência como meio de acesso à obra ou a parte da obra.

Apocalipopótese foi minha primeira participação numa experiência urbana de espaço público. A palavra foi inventada por Rogério Duarte, mistura de apocalipse com hipótese, e o conceito criado por ele e Hélio Oiticica. Consistia no desenvolvimento de uma idéia coletiva de arte no espaço público do Aterro do Flamengo. Participavam Lygia Pape, Sami Mattar, Jackson Ribeiro, Roberto Lanari, o grupo Poema-Processo, Hélio, Rogério, e Torquato Neto. John Cage apareceu lá incógnito, só depois o reconhecemos através de fotos.

O primeiro pensamento foi construir uma cabine, a *Cabine do amor*, que realizaria em parceria com Rogério Duarte. Hélio se ofereceu para construir, e de fato realizou, a cabine fechada de 3 x 4m. A minha idéia era fazer uma projeção de corpos e textos que seriam vistos quando se olhasse para o interior, através de pequenas frestas nos quatro lados. Nós projetaríamos dentro da cabine as imagens, sombras de corpos de modelos.

No entanto, depois do trabalho desenhado e planejado, Rogério teve de viajar. Eu me vi sozinho com aquela cabine e, como o projeto era de parceria, abandonei a idéia e criei as *Urnas quentes*. A produção desse trabalho foi interessante. Eram mais ou menos vinte caixas diferentes, hermeticamente fechadas e lacradas, que precisavam ser arrebentadas para se descobrir o seu código. Eu interferia em cada uma colocando textos relativos a situações políticas, sociais, estéticas, ao lado de imagens que diziam respeito à violência, recortadas de jornais ou de arquivos de fotografias, além de textos escritos diretamente na madeira no interior da caixa. As caixas foram produzidas no ateliê do escultor Jackson Ribeiro, na Lapa, onde nos encontrávamos uma ou duas vezes por semana.

No Aterro, as *Urnas* aconteceram simultaneamente aos *Parangolés* de Hélio, aos *Ovos* de Lygia Pape, às esculturas de Jackson Ribeiro e à genial *performance* de Rogério Duarte com cães amestrados, entre outros. De uma certa maneira, o desejo de violentar as caixas foi despertado pelos sambistas da Mangueira, que improvisaram um samba em torno delas e de seu mistério, dizendo que quem as abrisse poderia encontrar uma surpresa e até dinheiro. A partir daí elas foram detonadas pelo público, arrebentadas a marteladas. Houve grande violência e voracidade sobre o trabalho. A obra se realizou nesse ato, nesse gesto.

Você foi surpreendido pela violência e voracidade do público ou essas atitudes já eram esperadas?

A voracidade me surpreendeu. O desejo e a curiosidade já estavam implícitos no trabalho, já os havia previsto. Naquele momento eu queria o ato da descoberta ao abrir as caixas, e isso ocorreu de forma magistral. Vivíamos uma época de intensa censura política e sem espaço para mostrar nosso trabalho. Queria que as pessoas descarregassem um pouco dessa violência junto ao trabalho, que houvesse quase uma simbiose do corpo com a obra, uma relação direta do gesto de abrir, quebrar, e de descobrir ali dentro algo que teria uma conotação, a princípio, estética. Mas não poderia supor até que ponto iria essa voracidade. Foi realmente um grande evento coletivo.

Uma dessas urnas tocou sensivelmente Hélio Oiticica. Nela havia a imagem de uma figura esquelética, um menino magro de Biafra ou coisa similar. A partir daí ele me convidou para fazermos juntos o *Parangolé Nirvana*. Hélio criou a estrutura e o título e eu executei a imagem, estudando todo o espaço e a diagramação desse *parangolé*. Era uma obra feita em filó branco, com a imagem que estava dentro da *Urna quente*. Hoje faz parte do Projeto HO. É uma parceria da qual me orgulho.

Para mim, a *Urna quente* é um material vivo, atemporal. Apesar de ter surgido em 1968, posteriormente realizei outras, como a de 1975, para uma exposição na PUC-Rio. Após ser enviada a Portugal, esta *Urna* seria violentada, ou não, e depois retornaria. Mas ela acabou nem viajando, pois os estudantes não conseguiram mandá-la. Paralelo a isso foi publicado um anúncio no jornal falando da possibilidade dessa experiência ser feita. Essa idéia teve diversos desdobramentos. Nesse mesmo ano fiz outra *Urna* hermeticamente fechada e determinei, em cartório e com firma reconhecida, em princípio trinta anos, renováveis, para que pudesse ser aberta. Está comigo até hoje, neste momento exposta na mostra *Global conceptualism*, no Museu Queens, em Nova York. É a primeira vez que a *urna* sai do Brasil. Considero uma vitória poder enviá-la sem problemas alfandegários, como já os tive.

Em 1976, fui convidado junto com Cildo Meireles e Hélio Oiticica, que morava então em Nova York, para participar da Bienal de Veneza no setor Atualidades Internacionais. Obviamente participamos à revelia do sistema oficial do Brasil pois, como ainda vivíamos sob o governo da ditadura, não éramos os convidados brasileiros oficiais nem obtivemos ajuda alguma. Meu projeto inicial era enviar quinze *Urnas quentes*, mas a companhia aérea só permitiria o embarque se elas fossem abertas. Se isso acontecesse, o trabalho seria violentado e perderia seu sentido, se desmancharia ainda aqui no Brasil. Tentei várias companhias aéreas, mas não consegui. Tive de pensar rapidamente em outro trabalho. Criei, então, uma obra com fotografias de 40 x 30cm, selecionadas do arquivo do jornal *O Dia*, presas por um fio preto fino, que lembra o fio da obra *Fantasma*. Eram fotos de marginais e bandidos, colocadas em pé e formando um labirinto por onde era preciso circular com certo cuidado. Esse trabalho foi decorrência das *Urnas quentes*. A meu ver, a *Urna quente* é uma linguagem, ela pode ir para qualquer lugar do mundo, como um objeto que tem de ser violentado para que se possa ver o seu interior, descobrir seu código. Por isso vejo a oportunidade de elas serem feitas sempre. A qualquer momento podem surgir outras *Urnas quentes*, com novas imagens. A realizada em 1975, com firma reconhecida em cartório, é inviolável. Somente poderá ser aberta, ou não, em 2005. Mesmo assim com a minha expressa autorização. E não sei se vou querer abri-la.

No final dos anos 60 e durante a década de 70, a arte propunha a participação do público e convidava o espectador a ser co-realizador da obra. Você afirma que as *Urnas quentes* poderiam ser realizadas em qualquer momento. Você acredita que o público atual reagiria de modo similar?

Acho que sim porque, anterior à *Urna*, tem o dado do desejo e da curiosidade. A violência e a sexualidade em cima do objeto talvez permaneçam em qualquer tempo.

Naquele período eu estava envolvido com a questão da participação do espectador na obra. Acreditava nessa forma de comunicação, de expressão do espectador através de sua participação física. Os trabalhos dos panos pretos (*Repressão outra vez – eis o saldo*), de 1968, que seriam enviados para a Bienal de Paris, por exemplo, já tinham essa conotação participativa. Para descobrir o trabalho é necessário o envolvimento da mão, do corpo do espectador. Puxando uma corda o pano levanta e se constata a imagem a partir de algo que teria de ser desvelado. Em 1969 fiz *Soy loco por ti*, um trabalho com o mapa da América Latina e uma grande cama de mato para deleite do público. Quando foi mostrado, no MAM (Rio de Janeiro), essa obra teve uma participação eficaz, as pessoas realmente deitavam na cama, puxavam a corda etc.

A instalação *Fantasma* tem o mesmo sentido de participação. O público é convidado a entrar no espaço para ali se sentir de uma forma total. A projeção tridimensional do trabalho envolve as pessoas, que são puxadas para dentro do espaço, vão se esgueirando quase como numa dança, para não serem tocadas ou marcadas pelos carvões.

As lanternas colocadas ao fundo da sala atraem o público a se aproximarem da foto do "fantasma", uma pessoa de capuz, cercada de microfones e gravadores por todos os lados. O trabalho já estava pronto quando vi, no *Jornal do Brasil*, essa foto da testemunha de uma chacina que tinha perdido sua identidade e não podia mais aparecer em público. O impacto sobre mim foi tão grande que incorporei aquela foto ao *Fantasma*.

O primeiro *layout* desse trabalho foi montado em Brasília, na exposição "Um olhar sobre Joseph Beuys" (Museu de Arte Moderna de Brasília, 1993). De lá ele foi para a galeria do Instituto Brasil-Estados Unidos (IBEU, Rio de Janeiro, 1994) tomando uma dimensão ampla e forte. Montei-o de novo na Alemanha (Configura 2 – *Dialog der Kulturen*, Galeria Fischmarkt, Erfurt), no Centro de Arte Hélio Oiticica, na Bienal Internacional de São Paulo de 1998 e, por último, no Jeu de Paume em Paris. Na Bienal, procurei ocupar o teto com os menores carvões que pudesse encontrar. A primeira camada foi feita com os pequenos e a segunda com os médios e os maiores, intercalados, conseguindo com isso uma tridimensionalidade maior, coisa que eu achava não ter alcançado nas montagens anteriores. A cada remontagem desse trabalho surgem novas questões, e é isso que me interessa, porque não se trata de uma obra aleatória ou acabada. Apesar dos carvões estarem pendurados, cada um obedece a uma sincronia, a um parentesco. O *Fantasma* é todo construído, tem ali uma dança, um ritmo, uma ordem e uma cosmogonia.

Sua última montagem, no Jeu de Paume, teve um fato pitoresco. Curiosamente, não encontrei, em Paris e arredores, os carvões necessários para a realização do trabalho. Depois de uma reunião com a direção do museu, numa sexta-feira à noite, telefonei para João Fernandes, do Museu Serralves, no Porto, pedindo-lhe ajuda para encontrar o material, pois não tinha muito tempo para a montagem. João, percebendo a gravidade da situação, foi bastante atencioso, descobrindo na Vila Facaia, uma aldeia de Lisboa, o material que eu necessitava para o trabalho. Marisa Abate, que estava comigo em Paris, preocupada também com o trabalho, foi a Roma e trouxe alguns carvões enquanto eu embarcava para Portugal. Assim, o *Fantasma* foi realizado com material do Brasil, Portugal e Itália.

Apesar de não mais acentuar a participação do público em meu trabalho, o envolvimento, tanto físico quanto visual, continua a se dar até nossos dias. Eu quero que a arte, além de envolver pelos sentidos, passe também emoção. A instalação *Ocu-*

pações e descobrimentos, realizada no Museu de Arte Contemporânea (MAC, Niterói, 1998), tem esse envolvimento. Fiz uma série de buracos em paredes especialmente construídas. Eles criaram um espaço, um raio magnético, atraindo o público a entrar por esses buracos, obrigando-o a romper os limites e a ver o outro, o outro, e o seguinte.

O espaço do MAC (Niterói) oferece um grande desafio ao artista, porque o olho e todo o corpo são atraídos para o exterior, para o Oceano Atlântico, o Pão de Açúcar e o Corcovado. Quis fazer algo que possibilitasse às pessoas olharem para dentro, daí esse raio magnético criado pelos buracos nos muros. A obra faz parceria com o prédio maravilhoso de Oscar Niemeyer. Estudei cuidadosamente o espaço e suas proporções, fiz maquetes para estabelecer onde situaria os buracos e rombos, e onde criaria muros ondulados e curvos que fundissem as duas paredes — a original do museu e a que construí. Pelo fato de o espaço ser circular, depois do público atravessar o primeiro muro, obviamente ficaria atraído a transpor também os seguintes. Todas as paredes iniciais tinham o mesmo material e acabamento usados por Niemeyer no Museu. A pintura das subseqüentes lembrava a de casas coloniais, algumas paredes divididas com um tom mais escuro embaixo e claro em cima. Quando as ruas eram de terra, a chuva criava uma lama que sujava a pintura das casas. Esse raciocínio faz referência ao tema da exposição *Ocupações e descobrimentos*, aos quinhentos anos do descobrimento do Brasil.

Quando se faz o percurso num sentido o trabalho vai lembrando essas casas coloniais, suas cores e texturas. No sentido contrário, somente se verão tijolos aparentes, sem emboço algum; uma outra realidade, que também é Brasil. Quis mostrar o cru e o cozido, lembrando Lévi-Strauss. Alguém mencionou que seria Brasília e favela. Nesse percurso havia, enfim, o bem acabado, o *work in progress* – esse genial trabalho do Niemeyer – e muros barrando a passagem e ao mesmo tempo sendo quebrados. Ali não havia a menor possibilidade de alguém ficar "em cima do muro". O trabalho é ambíguo nesses dois sentidos. Um trabalho exaustivo, mas muito prazeroso.

Você participou do Salão da Bússola (MAM, Rio de Janeiro, 1969), com três obras: *Soy loco por ti*, *Selva* e *Exaltação*, painéis cobertos por panos pretos dentro de cabines. Aparentemente esta mostra não foi pensada para ser revolucionária mas acabou por se tornar muito importante no mo-

mento em que aconteceu. Poderia falar deste Salão?

Eu tenho uma leitura pessoal sobre o Salão. Como já havia mencionado anteriormente, generais armados de metralhadoras fecharam a exposição, que seria realizada no MAM (Rio de Janeiro), com as obras dos artistas selecionados para a Bienal de Paris. Isso, depois de já ter ocorrido e continuar ocorrendo um processo de censura a mostras como o Salão de Brasília (1967) e a Bienal Nacional da Bahia (1968). Esses incidentes culminaram no movimento, liderado por Mário Pedrosa, de boicote internacional à Bienal de São Paulo, que também aconteceria naquele mesmo ano. Mário teve problemas políticos posteriores por causa desse acontecimento e também por ter denunciado a existência de torturas no Brasil. Houve uma adesão de 97% dos artistas brasileiros e nenhum dos países convidados enviou representação. Até os Estados Unidos se recusaram a mandar a sua, em decorrência do clima de exceção e violência que se vivia aqui. Em 1969, um período efervescente da arte no mundo, não aconteceu a Bienal apesar de todos os esforços que o governo fez.

Nesse momento surgiu, paralelamente, o Salão da Bússola no MAM (Rio de Janeiro), patrocinado por uma agência de publicidade. A meu ver, como os artistas já estavam com seus trabalhos prontos para a Bienal de São Paulo, mandaram suas peças para aquele Salão, que por esse motivo saiu fortalecido, ao agrupar linguagens radicais e que usavam uma diversidade de materiais.

Para mim, pelo menos, teve uma importância no mínimo tragicômica. Alguém disse para o diretor da agência de publicidade que meus trabalhos poderiam criar problemas para o Salão, caso fossem aceitos pelo júri, que imediatamente foi pressionado a não aceitá-los. As obras, apesar de terem conotação política, nada tinham que pudessem provocar o fechamento do Salão. Muitos outros artistas participavam com trabalhos mais quentes e políticos que os meus. As obras de Artur Bárrio, Cildo Meireles, Cláudio Paiva também eram bastante contundentes. Como estava muito tenso com o que acontecia no Brasil, já pensava em ir para Paris ou Londres, onde nesse momento vivia Hélio Oiticica. A agência me chamou para uma reunião a fim de decidir sobre os trabalhos, e eu propus que abriria mão deles em troca de uma passagem ida-e-volta para Paris e Londres e mais uns dois mil dólares. Eles poderiam expor, ou não, as obras. No dia seguinte, o diretor da agência marcou um encontro comigo no MAM para mostrar os trabalhos a um grupo de pessoas, entre as quais um general e um padre, que não viram problema algum nas obras. Eram as forças da época. O que supostamente alegavam, referindo-se ao trabalho, é que o pano preto que cobria os painéis fazia referência à bandeira anarquista e o vermelho à bandeira comunista. Enfim, a leitura era subjetiva e abstrata. A pressão levou o crítico Jayme Maurício a pedir demissão do júri. As obras foram defendidas pelo genial Mário Schenberg, que era do júri, e acabaram sendo expostas e premiadas por um banco do Rio Grande do Sul. Só que a exposição teve duração de dois meses e, nesse período, a cama de mato foi apodrecendo e emanando mau cheiro, o que para mim fazia sentido, pois era a própria América Latina exalando sua decomposição. O banco, ao constatar a deterioração do material orgânico, pagou o prêmio, mas abriu mão do trabalho, que está até hoje comigo.

Para a exposição no Centro de Arte Hélio Oiticica (Rio de Janeiro, 1997), refiz a cama em palha, que também revela um clima de aconchego e deleite. Ela pode ser feita de palha ou mato, é indiferente para mim, o importante é que o trabalho permaneça com a idéia inicial de descobrir.

Incomoda a você refazer trabalhos antigos?

Incomoda, no sentido de que me levam ao passado e a reflexões a respeito da luta que precisei encarar e das situações extra-arte que vivenciei para que meu trabalho chegasse a existir, para que ele aparecesse; além das implicações emocionais e afetivas que cada obra traz. Prefiro criar um trabalho novo do que refazer algo passado.

A época era muito louca. Alguém imaginar que um pano preto pudesse fazer referência a uma bandeira anarquista é de uma loucura e de um absurdo total. Havia medo nas pessoas e, conseqüentemente, pré-censura. No entanto, com a idéia de viabilizar o trabalho, consegui muitas vezes burlar situações, criar novas oportunidades, mesmo dentro de circunstâncias que poderiam parecer impossíveis. A exposição *De 0 a 24 horas* é exemplo disso. Como ela não pôde ocorrer no MAM (Rio de Janeiro) foi imediatamente realizada num veículo de massa e tornou-se disponível nas bancas de jornais.

Você se autocensurou, em algum momento, por medo do clima da época? Chegou a pensar em não executar algum trabalho por esta razão?

Tive medo em alguns momentos, mas não deixei de produzir trabalho algum por autocensura. Mesmo porque nós desempenhávamos quase que uma ação guerrilheira contra ela. Estava num processo de luta e de afirmação pessoal e existencial. Os confrontos com os espaços institucionais eram grandes e sérios, mas serviam de material de trabalho. Já tínhamos passado pela experiência pública e coletiva da *Apocalipopótese*. Então, a arte poderia continuar a caminhar por aquele processo. Se naquele momento passasse por alguma autocensura não teria tido condições de realizar *O corpo é a obra*, pois ele é precisamente um ato de liberdade.

É curioso como havia uma atitude contrastante em relação à recepção de sua obra nos anos 60. Se, por um lado você era freqüentemente premiado nos salões e mostras oficiais, por outro seu trabalho era muito visado pela censura. Como essas duas esferas se relacionavam na época?

Ganhei alguns prêmios ainda jovem. Confesso que eles foram úteis, pois podia pelo menos comprar material de trabalho. Arte reverte em arte. Mas esses prêmios tinham também uma conotação oficial; era dinheiro público, e eu pagava impostos, como recusar? Ganhei um prêmio, por exemplo, no 1º Salão de Pintura Jovem, no Hotel Quitandinha (Petrópolis) que foi entregue a mim por um general. Eu, que desenhava militares carrancudos e raivosos! Sempre convivi com essas duas vertentes. Esse conflito não era apenas meu, fazia parte da época.

Raymundo Colares, meu melhor amigo nesse período, foi o mais premiado de todos. Seu trabalho, bastante profundo, apesar de à primeira vista não parecer, tem conotações políticas. Ele ganhou todos os prêmios de viagem, inclusive no Salão Nacional de Arte Moderna de 1970 (MAM – Rio de Janeiro). Na véspera, ele havia quebrado os vidros do Museu com uma pedra enorme, dizendo que a arte estava morta, mas ele estava vivo. E foi preso. Eu e Zena, uma amiga que trabalhava na cinemateca do MAM, fomos à delegacia, levando uma foto do Colares recebendo um prêmio das mãos do embaixador americano Charles Elbrick. Passamos por momentos humilhantes, mas conseguimos soltá-lo.

O crítico Ronaldo Brito, no texto do catálogo da exposição realizada no Centro de Arte Hélio Oiti-

cica, refere-se a dois momentos distintos em sua carreira: a de um artista com figura e atuação públicas marcantes, seguido de outro, talvez o atual, do artista que se recolhe na intimidade do ateliê. Você concorda?

O texto que vocês mencionam, *Fluido labirinto*, é a primeira monografia elaborada sobre o meu trabalho. Ronaldo é um crítico extremamente inteligente e humorado, um poeta a quem, em 1992, dediquei a tela *4ª do singular*, título de um poema seu e de seu último livro.

É fato que existem dois momentos em minha carreira, um de atuação pública e outro intimista. E esses dois momentos vão juntos, vivos. O ateliê é uma plataforma, laboratório e produção. Se antes havia a oficina de jornal para trabalhar, ou o próprio MAM, hoje tenho um canto necessário para o trabalho. A época também é outra. Portanto, talvez seja interessante ver esse texto do Ronaldo dentro do seu contexto. Em alguns momentos tive uma atuação pública contundente porque havia e há um inconformismo presente na minha produção. Em alguns casos fui alvo de crítica, as propostas e realizações dos trabalhos foram tratadas publicamente de forma banal, o que me fez reagir e pensar as relações obra-mídia, pessoa-mídia. *O corpo é a obra*, por exemplo, foi um trabalho que ficou exposto a essa crítica. Depois dele fui para a ioga, não por misticismo, mas como trabalho, por necessidade de ampliar os sentidos e, conseqüentemente, expandir ou amplificar o corpo. Porém a intimidade do ateliê, para mim, é sinônimo de liberdade. Não é o ateliê que irá limitar a obra, pelo contrário, esse canto é um exercício fundamental da curiosidade, da liberdade e da criação.

Antes de montar a instalação *Fantasma* na Galeria do IBEU (1994), que foi a primeira montagem ampla da obra, realizei-a no ateliê, ocupando-o quase todo. Para mim tornava-se necessário ver a sua construção real. E para testar o trabalho *Ocupações e descobrimentos,* depois de vários estudos e maquetes resolvi quebrar uma das paredes do ateliê, fiz um rombo para fins de estudo. Quando você avança, simultaneamente recua para uma reflexão. É natural. E o meu trabalho atual tem esse duplo movimento.

Sua exposição como artista e figura pública é restrita a um período ou você acha que poderá, eventualmente, voltar a tomar atitudes públicas dentro de seu próprio trabalho?

Não consigo prever. Não faço planos de trabalho no sentido de atuar aqui ou acolá, as coisas acontecem naturalmente e pelas circunstâncias da vida. Não procuro nos trabalhos uma ligação entre eles. Cada um é um, fala por si e possivelmente com os outros. Trabalho com liberdade, esse é o princípio. Automaticamente existe um número por trás dos trabalhos, uma matemática dentro deles, cada um tem uma correspondência. Desde as instalações, passando pelos *flans*, até as pinturas mais recentes, eles buscam e obedecem a uma ordem. Mas ela ocorre de forma intelectual e interiorizada.

Entendo a arte como conhecimento, um caminhar adiante, um avançar. Ela tem, ao mesmo tempo, a capacidade de envolver as pessoas e elevar seus espíritos. E com esse princípio tanto é possível fazer uma tela, uma instalação ou um desenho, com a mesma carga de luz, de emoção e de sentidos.

Na exposição no Centro de Arte Hélio Oiticica ousamos mostrar pinturas, *flans* e a instalação *Fantasma*. Inexiste qualquer perda. Quando quis, aumentei a escala das telas e iniciei uma nova etapa no trabalho. Meu pensamento cresceu junto. Não é fácil encarar uma tela em branco e impregná-la ou emprenhá-la, como queiram, com cores, idéias e pensamentos. Isso não deixa de ser um desafio, do mesmo modo que trabalhar com o tridimensional. O resto é preconceito bobo.

Como se dá o processo de realização de cada obra? Como surge a idéia e como é elaborada até chegar ao resultado final?

Parto de uma idéia, de um sentimento, muitas vezes da sugestão de um pensamento. Atualmente estou com a palavra *Letter* na cabeça, quero realizar algum trabalho com esse título. Quando começo a imaginar esse trabalho, penso o espaço que vai ocupar, que oceano vai atravessar, que cor, grafia e forma terá. Devo lembrar também das cartas que recebi e das que tenho de enviar. Começo a associar a pessoas ou à cor da roupa que alguém vestia. Essas associações ocupam todo o meu espaço. Uma das primeiras medidas é estabelecer a escala dessa *Letter*, porque ela só se realizará quando tiver escala correspondente e real. À medida em que isso é estabelecido, cria-se uma plataforma concreta – a escala e a idéia vinculadas. Esse é um dos processos de trabalho, existem outros.

Antes da realização das esculturas *Frutos do espaço*, havia o esboço de um objeto que fosse somente uma linha. Indo de carro para São Paulo, vi um *outdoor* metálico que imediatamente me chamou a atenção, não a imagem, mas sua estrutura metálica fincada ao chão. Aquilo vinha de encontro a algo que estava tentando realizar. No caminho de volta tive a mesma emoção. Aí o trabalho começou a se concretizar. Isso é um estado poético. Tornar esse encontro viável em uma outra forma é algo que eu diria do espírito. Esse espírito fez elaborar a forma, a qual relacionei com as linhas de diagramação de um jornal. Basicamente a imagem e a paisagem do *Frutos do espaço* são o jornal. As esculturas são vazadas justamente para não agredir a paisagem do Morro da Catacumba, lugar que para mim estava, e ainda hoje está, impregnado dos vestígios da antiga favela que lá existia. Eu queria fazer algo transparente para que o olhar pudesse entrar pelas formas e tentar descobrir, ali, alguns vestígios. A proposta era que cada um preenchesse as armações com seu imaginário. Apesar delas serem vazadas, nunca as dissociei de imagens.

Gosto quando me oferecem espaços para trabalhar porque é sempre um desafio. Foi ótimo realizar os *Frutos do espaço* no Parque da Catacumba. Quis criar no local uma luz que fosse da maior intensidade possível. Obtive, junto ao exército e à

Funarte, dois holofotes caça-avião cuja luz ia varrendo o espaço do parque, ao mesmo tempo que consegui que todas as luzes do local e de uma certa área da Lagoa Rodrigo de Freitas ficassem apagadas. Na hora da apresentação caiu uma chuva intensa, resultando num trabalho de uma poética inacreditável: a chuva, um grande breu, os *Frutos do espaço* fincados na terra, e a luz estupenda dos holofotes varrendo quase toda a Lagoa como um balé de luz que, ao passar, projetava as esculturas em direção ao céu.

O trabalho é sempre uma conjunção de idéias, pensamentos, títulos, poesias. É a elaboração de um conjunto de associações, com profundidade ou com ânsia de mergulho. É, enfim, uma vivência. Por isso, as obras ficam tão impregnadas de coisas, de pessoas, de acontecimentos e de desejos. As formas seguem um processo evolutivo, isto é, uma forma apontando para a outra. Quando algo não vai bem na tela, por exemplo, anulo, só que nunca se apaga totalmente porque suas marcas já impregnaram aquele espaço. Muitas vezes o que foi anulado aparece por trás, como se fosse o avesso. Isso é extraordinário, apesar de invisível, o elemento eliminado permanece lá.

Aos poucos vou progredindo, protegido com o sentido do trabalho que virá a ser. É mais difícil e complicado, mas também mais satisfatório, dá prazer. Quando trabalho não estou ampliando uma idéia mas elaborando-a, experimentando nos diversos campos. É um laboratório, pois caminha num processo evolutivo, às vezes até mesmo anulando algumas passagens e acrescentando outras. São raros os casos em que elaboro um estudo prévio para depois executar.

Desde os anos 80, seus quadros utilizam basicamente as cores primárias, o preto e o branco. Por que a escolha dessas cores e a opção pela paleta reduzida?

Para mim, cor é construção, luz. Ela é forma e linguagem. O modo como se associa à linguagem e às demais cores é outro problema. Pergunto-me, quando estou trabalhando, se não seria mais fácil realizar um pequeno estudo antes, mas prefiro encarar as dificuldades de frente. Por exigir muito do meu trabalho, acabo complicando para depois então descomplicar. Na verdade, começo por intrincar as formas. As cores menos, porque elas vão se encontrando de forma harmoniosa e poética. Mesmo assim nunca sai igual porque não sei me repetir.

Raramente parto do zero. Já fiquei quase uma semana olhando para uma tela em branco, quase catatônico, até estabelecer o primeiro sinal, porque esse início é associado ao espaço. Enquanto não termino um trabalho, não começo outro. Como também não jogo fora tela alguma. Sou insistente. Minha pintura percorre um processo próprio. Não é produção em massa e nem me preocupa massificar o trabalho. Ele tem seu tempo e seu lugar; espero.

Quando estou trabalhando, a obra fala comigo. É um processo simbiótico porque enquanto não se estabelece um diálogo entre nós, eu não a mostro. A tela estará pronta somente quando terminar esse diálogo, quando tudo estiver dito. Na verdade há uma troca de tecido, de algo corpóreo. Acho que isso ocorre não só com as telas mas com todos os trabalhos, independente do suporte. Por isso acho que procede a idéia de que cada trabalho se fortalece com a mesma intensidade de criação. E um não deve, pelo menos na minha cabeça, ser menor que o outro, simplesmente pelo fato de ser realizado em tela ou papel, ser instalação ou o diabo a quatro.

Como se deu sua formação artística? Quais foram suas escolhas?

Minha formação, como talvez a de toda a minha geração, começou pela pintura, que para mim tem uma marca, uma presença. Comecei vendo os impressionistas. Vi também Klee, Mondrian, Malevich, Van Gogh, Monet, Rembrandt, Velasquez e muitos outros. E Pollock com sua explosão! Uma grande descoberta para mim, nos anos 70, no sentido da criação e da possibilidade construtiva, foi saber que alguns trabalhos seus eram feitos com seringa, injetando tinta nas telas. Além, é claro, dos nossos brasileiros, que amo.

Durante os anos 60 e 70, alguns artistas viam o mercado de arte de modo negativo. Havia o medo de que tanto ele quanto sua criatividade fossem engolidos pelo mercado. A galeria também era um espaço considerado elitista, pois não era de acesso popular. Como você pensava essas questões e como as vê atualmente?

Herdei um pouco a postura do movimento concreto e do neoconcretismo de que a arte, para manter sua pureza, não deveria estar no mercado. Mas também vendia alguns trabalhos porque queria viver de arte, e era o que eu sabia fazer. Isso era um pequeno conflito. Meu primeiro trabalho vendido, causa de grande alegria, foi no 1º Salão de Adolescentes (1965), comprado por uma pessoa do jornal *O Globo*, patrocinador do Salão. Como eu não sabia, pedi que ele estabelecesse o preço. A venda era a forma que tinha de, pelo menos, repor meu material. Como a liberdade era meu princípio básico, se a venda de trabalhos trazia prazer também criava certa inquietação, na medida em que havia o receio do mercado cercear ou passar a dirigir a produção. Essas dúvidas eram meras suposições naquela época, porque não vendia quase nada.

Minha vida profissional começa a acontecer a partir da primeira exposição individual, organizada e curada por Diógenes Paixão na Galeria Goeldi (Rio de Janeiro, 1967), situada na Praça General Osório. O fato de ter vendido quase metade dos trabalhos foi me dando noção de mercado. As exposições na Petite Galerie, com Franco Terranova, e finalmente com Raquel Arnaud, em São Paulo, acabaram estabelecendo uma relação profissional. Atualmente vendo meu trabalho e sua venda será revertida para a própria arte. Vou continuar com a mesma liberdade e o mesmo processo de trabalho. Não crio para o mercado, mas basicamente para mim; se o mercado quiser meu trabalho, ótimo. Não sei diferenciar muito o que é obra do que é artista.

Se tivéssemos um mercado mais estável, seria genial. Noto que artistas da minha geração poderiam estar melhor de vida e talvez produzindo mais. Mas ainda existe uma visão colonialista, como se o Brasil tivesse de provar que tem talentos criadores. O esforço que se faz é muito grande e a arte brasileira está sempre tendo de se impor. Em qualquer trabalho que se faz há uma constante tentativa de se encontrar um par em um artista estrangeiro. O diabo é que essa atitude é adotada também por alguns imbecis no Brasil. Como estamos no Terceiro Mundo, continua havendo esse tipo de colonialismo. Mas, graças a Deus, isso está sendo vencido. Já há um outro olhar para a arte brasileira no exterior.

Você tem alguma frustração por algo que não conseguiu realizar?

Não chega a ser frustração, mas tem um trabalho, chamado *Deserto*, que não consegui realizar ainda. Foi pensado há uns quatro anos atrás e é fruto de uma dramática vivência nas areias *calientes* brasileiras; tem a ver com um assalto que sofri onde levei dois tiros. Mas na época não tive o apoio que esperava para realizá-lo.

O deserto para mim tem conotação política e estética, do vazio, do pleno, da memória; tem sangue e água. O trabalho parte da idéia poética de que o grão de areia pode conter infinitas informações, memórias ancestrais. É um plano, uma instalação em progresso. Ele acontece todo dia. Um deserto vai se realimentando, sendo fotografado e registrado, e crescendo para um ponto quase infinito.

Você pertence a uma geração que acreditava muito no poder da arte para transformar a estrutura do mundo. Qual o lugar atual da arte? Ela tem ainda a mesma conotação transformadora?

Há uma teoria que diz que arte é lugar nenhum. Acho que a arte pode estar em qualquer lugar. É uma expressão humana das mais privilegiadas, na medida em que se tem a possibilidade de criar alguns valores reais e humanos ainda fora de um cerceamento, de um controle ou de um sistema. A arte é lugar nenhum e é algum lugar também. A arte é energia para alimentar o espírito e, enquanto ela estiver fazendo isso, estará viva. Como diria Mário Pedrosa, ela busca arrancar a pessoa do contexto massificado da mídia. Ezra Pound dizia: "O país que menospreza seus artistas perde a identidade, perde a expressão". A arte é um lugar fundamental.

Apesar de morar no Brasil desde sua infância, sua educação deve ter tido uma base da cultura portuguesa. Em que sentido, o fato de ser português influencia seu pensamento e sua trajetória artística?

É um litígio, uma relação amorosa e uma separação. Vim com cinco anos para o Brasil, tenho lembranças da terra portuguesa e trouxe também uma poética dentro de mim. É algo mais afetivo porque meus pais são portugueses. Sem dúvida fui marcado por Portugal, mas sou brasileiro. Toda a minha formação cultural e estética foi adquirida no Brasil e todo o meu trabalho foi criado aqui, inclusive a melhor obra que realizei, meus dois filhos, Beatriz e Mário.

Este livro foi impresso na cidade do Rio de Janeiro em agosto de 1999, pela Eximpre Artes Gráficas para a Editora Nova Aguilar. O projeto gráfico foi realizado pela equipe da Danowski Design Ltda: Adriana Cataldo, Claudia Machado e Sula Danowski; com revisão de texto de Florine Nazaré Pinto. As tipografias utilizadas são a Stone Sans e a Stone Serif. Os fotolitos de miolo e capa foram feitos pela Minion Tipografia Editorial, o papel do miolo é o offset 90g/m² e o da capa é o couché liso 240g/m².